갯민숭달팽이

김용호 시집

도서출판 경남

시집을 내면서

시는 귀향과 함께 시작되었다. 약력에 군더더기 같은 육지 생활의 자취를 그나마 간추려 적어 놓은 것은 나의 시를 다시 한 번 읽어 달라는 주문일지도 모른다. 비록 상상력과 비유가 약하여 쉽게 읽혀질 터이지만.

그동안 좋은 시들을 읽으면서 감상하고 크게 탄복한 적도 많았지만, 완성된 나의 시를 틈틈이 되씹어보고 홀로 도취되어 우물 안 개구리로 첨벙대며 즐거워했던 시간들이 많았다. 돌이켜 생각하면 참으로 좋았던 추억의 계절이었던 것이다.

첫 시집의 시가 완성되어 가는 동안에 산문시 흉내도 내어보고, 시조나 가사 형식도 노력해 보았다. 이제 그동안 끼고 뒹굴던 나의 시를 밖으로 보낸다. 혼사를 치러보지 못하여 감상이 빠를지 모르지만, 고이 키운 딸아이 시집보내는 기분이 이러할까.

새로이 시를 쓰려면 이제 나의 시들을 잊어야 할 것이다. 만일

그렇지 못한다면 나는 새로운 시집을 영영 마무리하지 못하거나, 첫 시집의 아류 작품으로 뜨뜻미지근한 시들이 될 것임에 틀림없다.

서정주 선생님은 자신을 키운 건 팔 할이 바람이었다고 일찍이 설파하셨는데, 나는 어떠할까. 아마도 바다와 그 몽돌밭으로 밀려드는 파도 소리, 그리고 밤바다를 비추는 달이 오 할을 넘기지 않았을까.

나를 문학에의 길로 이끌어 준 사촌형, 창신대학 김강호 교수에 감사하고 지역 내 문학 선배님들과 항상 따끈한 문우님들에게 고마운 마음을 올린다.

2011년 4월 5일

목여 김용호

| 차 례 |

2. 나의 시

3. 영랑 생가에서

4. 찬란한 이별의 무대

5. 윤돌섬 별곡

제1부

갯민숭달팽이

갯민숭달팽이

얼마나 보드라울 수 있는지
곤한 밤을 타고 꿈길로 올 수 있다면
집이 없어도 그 분홍보랏빛의 향기에
평생을 얹어 볼 수 있을 것 같은데

바닷물로부터
자신을 표시하는데
이리 얇은 막만으로 되는 것인지
험한 세상을 저리 꿈꾸듯 살아도
진정 무사할 수 있는지

나는 외투를 겹겹이 눌러 입고
지하철 2호선의 인파 속에서
누구의 주목을 받지 않아도
헐렁해진 옷 속으로 곶감처럼 쪼그라드는데

풍선보다도 얇은
단지 그 원형질막만으로도
보라성게의 가시 위에서 저렇듯 여유로울 수 있다니

거 미

공중에 매달려 사는 삶이 어디 너뿐이랴
땅을 굳건히 딛고 산다는 수많은 삶들이
부평초보다 더 출렁대며 내몰려 다니고
스스로를 잊을까
뒷주머니에 여러 가지 카드 꼼꼼히 챙겨 넣고도
소심小心하게 귀가歸家하는 쓸쓸한 군상群像들

마당의 귀퉁이가 돌아가는 공간
면도날로 쓱싹 도려내어
자신의 집 하늘에 띄워놓고
도덕 사랑 생명 종교
따위의 값비싼 언어들이 무슨 소용이리
오히려
그물 같지 않은 그물에 모든 희망을 걸고
그대는
잃어버린 것도 없는 가을추억에 잠기고 있다

굴뚝새

굴뚝에서 나왔다면
가쁜 숨, 해녀의 휘파람같이
길게 내뿜어 너의 위치를 알려라
덤불 사이에서 깐죽대지만 말고
어디 당당히 나무에 올라
목청껏 울어보아

작아도 얼마든지 당당할 수 있고
검다고 색깔이 없거나
아름답지 않은 게 아니다
높은 나무 푸른 하늘에
부담 갖지 말어
세상은 오히려 거꾸로가 맞다

틈새의 미학을 좇아
돌담 사이를 수없이 들락거리는
너의 혼을 내 모르는 바 아니나
이제 햇볕에 나와 바쁘게 쫑긋거리는
너의 꽁지를 조신하게 펴고
의젓해하지 못할 이유가 없다

노래미

잡어雜魚라 불러도 나는 할 말이 없슈
작은 눈 낮은 코에 짜리몽땅
뭐 딱히 내세울 것도 없구먼유
넘들 다 서울 가고 유학 갈 때
난 그냥 이리 제 바닥에 눌러 살았쥬
공부 학교
이제 와서 그런 건 물어 뭣에 쓴다요
차라리 각시는 왜 없냐
연애를 해보기는 해 본거냐
이런 게 더 낫잖여

그러는 그대는
삶이 연애가 그리고 각시가
살결 같고 물결 같고 한결같이 보드랍기만 허시던가
워째 표정이 시원찮여
어디 위장병이라도 있으신게라

바닥을 기면서 하늘 따윈 쳐다보지도 안혀
짝사랑에도 법도가 있다고 믿는 나여
내가 노는 이 바닥
해초 사이의 조그만 집터
여기가 정토淨土요 바로 극락이랑께

높은 음조로 가녀리게 우는 새

언제 우는지도 모른다
어디서 우는지도 모른다
언제 들었더라 아슴한 기억인데
대여섯 자쯤은 될 법한 이름은 더더욱 모른다

낮에는 들어본 적이 없는 것 같은데
여럿이 있을 때는 들리지 않았는데
그러고 보니 홀로의 밤길에만 들리는 것인가
영혼을 불러내어 저세상 잠깐 가보자는 참인가
아니면 가슴이 허할 때 헛소리로 들리는 것인가

어쨌거나
저리 하이소프라노로 우려면
투명유리로 된 가는 목에
성대의 안쪽엔 짙푸른 사파이어 입히고
저리 가녀리게 우려면
아무도 보이지 않는 곳으로 높이 날고자
몇 년을 참아온 숨
춘향각시의 속치마 자락만큼이나
고르고 골라 내쉬어야 하리

도다리쑥국

— 고로쇠 약수축제 마라톤 대회에 부쳐

가슴 아픈 사랑에 얹혀 피골이 상접하였거나
혹은 사랑을 떼기 위해 고통하고 있다면
고로쇠의 생명수를 그대가 흘려 받을 수 있는 이월에
노자산 기슭으로 오세요
팔색조의 빈 둥지가 어디엔가 숨어 있고
노란 꽃가루 묻힌 부리로 동박새 노는 곳
마치 우리가 자궁의 양수 속에서 시작되었듯
내가 아는 세상의 봄은
외도와 해금강의 바다로부터 시작되고
그 생명의 시원始原이
도다리쑥국을 그대에게 올린다

구수함의 끝은 어디인가
아름다운 맛은 예술보다도 강렬하다
시작도 끝도 없는 봄의 맛에 그대의 낡은 사랑을 얹어라
이윽고 피가 돌기 시작하고 궤양엔 새살이 돋으리
행여, 그래도 해갈이 되지 않는 사랑이 있다면
고이 접어 몽돌의 바다에 내려놓으소서
자그락 자그락
천만 개로 갈아 날려드리리다

대 구

나무상여에 올라
비로소 귀향歸鄕의 기쁨을
대구는 입으로 빙그레 표한다

사할린을 지나
쿠릴열도를 거칠 때던가
알래스카 앞이었나

지나친 해조 숲의 장관과
환상적이던 오징어 군무群舞의
아릿한 추억도 접고
어머니의 그 어머니의 고향에
이유 없이 돌아와

갈깃머리 수사자의
결코 경망輕妄 없는 모습으로
외포항 중개인의
어판을 채우고 있다

삶이란 또 죽음이란 이렇게 의젓해야 한다고
내가 고른 대구는 하얀 스티로폼 관棺을 쓰면서
말하고 있다

멍게

사람들아
곁가지로 나온다고
우습게 보는 사람들아
회 접시 옆에 비록 조연으로 앉았다마는
나를 보고 감히 웃을 수 있나

저기 옷 벗기우고 난도질당한 광어
용궁에서 복지안동伏地眼動하다가
퇴출되어 공원에서 빈둥대다가 잡혀왔지
그 옆에 도미 녀석
꽤나 인물 값하게 생겼지 않아
상사의 부인과 놀아났지 아마
내 옆의 해삼
같은 접시에 있는 것도 남사스러워
비겁하게 속을 쏙 빼내버리고
제 혼자서 구명求命하는 주제라니

나로 말하면 지심도 절벽 위 동백꽃이
붉은 치마도 가비얍게 몸을 날리던 논개처럼
뚝 뚝 떨어져 푸른 바다 위로 흐를 때
내 그의 혼을 포자에 받아 태어났노니
네 조각 난 몸통 위에 얹혀진
나의 붉은 동백꽃 상투를 보아라
이래도 나를 감히 우습게 볼 수 있나

멸 치

검劍보다도 더욱 빠르게
은빛으로 일제히 물색을 바꾸고
찬란하게 휙휙 돌아서는 그 군단軍團
그러나
키 재며 서로 경쟁하지 않는다

가냘픈 이들끼리 배를 붙이고
등을 맞대고
언제나 혼자 먹지 아니하고
한날한시에 태어나
한날한시에 죽기로 맹세하고
바다를 결사적으로 헤집는다

꿈이 있느냐고
잠은 언제 자냐고 묻지 마소
날렵한 그의 몸에는
낭만이 묻을 틈새조차 없다

외로움을 떨치려
죽을 때에도 서로의 몸을
아프게 비벼
없는 꿈 점점點點의 비늘을
칠천도 앞바다에 흘려보낸다

미 역

많이 부대낀 것들은 쉽게 녹슬지 아니한다
야멸찬 세파에 살아남은 사랑이라면
뿌리째 뽑힌다 하더라도 녹아지지 않는 것이다
햇살의 세월이 지나도 채색은 오히려 숙성되어
내 오늘 그대의 사랑을 풀어
지친 나의 속을 풀어 내리는 것

누구와도 쉽게 어울려
배시시 웃음을 날리는 덜된 소녀의 모양으로
물속에서 한없이 부드러워져도
결코 따스함을 잃지 않는 그대의 사랑에서
나는 오늘 용기를 얻는 것
하도 힘겨웠던 세월들을 사면 복권하여
다시금 사랑해볼 수 있는 희망을 갖는 것이다

동 백

그대 아시는가
햇살에 부딪혀 저렇게 반짝대는 것이
달의 눈물이라는 걸
밤마다 입힌 눈물의 겹으로
동백잎은 낮에 울지 않는다

그대 보셨는가
떨어진 동백꽃을
그 다음에
더 붉게 타들어 가는 그 처연함을
두견새의 피울음도
오히려 부끄러워
동백꽃에는 오지 않는다

파도 소리와 동백 잎에
귀먹고 눈멀고
타들어가는 피
죄다 꽃으로 뚝뚝 떨어져
재가 된 가슴을 두고
그대 진정 가시려는가

무화과

꽃이 없다니
통통하게 부풀어 오른 둥지에서
이리도 화밀花蜜 느껴지는데

꽃과 꿀
오롯이 안으로만 가꾸어
어느 터럭 하나 범접치 못하게 하고
붉은 처녀 넘쳐도 흐르지 않게
어떤 개짐보다도 완벽히 감싸 안은 그대

차마 쪼개지 못하리라
그대의 치마폭 젖히지 못하리라
스스로 터지지 못해
곶감처럼 말라가는 그대를
가을하늘에 띄워 두고
나는 애써 바다로 나선다

능소화

기다리지 마시라 하셨지만
인사치레인 줄 알았습니다
뒤돌아 눈인사도 없이
총총히 가셨지만
언제나의 발자국으로 오실 줄 믿었습니다

그러나 많은 여름들이
이리 덧없이 지나갈 줄은 몰랐습니다

하여, 나 소화는 울타리를 붙잡고
장미 덩굴을 헤치고
담을 넘었습니다

님아
옛길 따라 오소서
넘어 넘어로 고개 내민
주홍의 한 입술 받으소서

수국

가까이 오지 마세요
자세히 보려 들지 말고
먼저 당신의 호흡을 가라앉힐 필요가 있겠네요

옛날이야기 하려 들지 마세요
유월의 햇살을 등에 지고 온
당신의 어깨에도 지친 세월들이 흘러내리고 있네요

여름마다 꽃을 피우며
나는 누구를 기다리지 않아요
다만 수백 수천의 나비가 되어 날아오르는 연습을 하였죠
끝없이 몽롱해진 머리는 이제 스스로 하늘인 양
그 속에서 나비를 날려요

서 있는 당신과 나의 그림도 나쁘진 않군요
첫 키스 뒤에 밤새도록, 또 지금까지
당신이 끝내 하지 못한 말
나의 책임이란 걸 이미 깨달았어요

내가 마지막으로 날려드리는 몇 마리 나비
동무 삼아 내려가세요
나는 자꾸 졸리네요
피우고 꿈꾸고 날으고 오르는 연습도
이제 그 끝이 보이네요

옥잠화

풍성도 하여라 그대의 여름은

디컵이 되고도 남을 가슴 가리개
햇볕에 떠억하니 널어놓고
잠자리 날개 홑바지 벗어
대충 여름 속에 던져둔 채

아아
아프로디테
살풋 잠이 든 게야

가을은 저어 멀리에 제쳐두고
지금 이 순간
정정한 여름
태양을 희롱코자 함인 게야

봄꽃 숭어

—봄꽃 숭어 축제에 부쳐

저렇듯 힘차게 뛰어오른다는 것
진실로 갈구하는 그 무엇이 있다는 것인데
한 번으로는 만족치 못해
연이어 도약한다는 것은
갈증의 끝이 깊었다는 증좌이리라

우리가 삶의 겨울을 힘들게 지냈다 하더라도
스스로 봄을 일구어 내는 그대를 보며
다시금 사랑과 꿈으로 하늘을 향해 뛰어들 수 있는
그대의 용기를 가져야 한다

잡동사니의 바다 바닥에 기웃거리지 않고
아무리 서로 어울려도 오히려 부족함을 느끼는
은빛 그대에게서
우리는 하나의 봄과 둘의 사랑과 셋의 정열을
또다시 배워야 한다

개 불

'개의 불' 이라니
아무리 남의 이름을
막 불러도 되는 세상이라 하여도
이럴 순 없지

온 동네의 호구조사戶口調査를 코와 더불어
헤집고 다니는 과붓집 수캐
그 개의 요도尿道 끝대가리라니

그래 그 개의 불을
입속에 넣고
오물거리는 그대의 혀는 호사하시는 중이신가
말 한마디에 천 냥 빚도 갚는다는데
끝대가리라 내뱉은 그대는
이 하염없는 세상에 갚을 빚도 없다는 것인가

어찌 불러줄 호칭이 마땅치 않단 말인가
나의 몸은 진정 매끈하고
달착지근하기 한량없고 쫀득하기 그지없는데

자벌레

굽었던 허리 설핏 세우며 낮게 깔린 저기압의 냄새를 맡아 본다 뒤돌아보는 법은 없는데 지나온 길들이 나의 뒤통수를 지켜보고 있을 것이다 한 모금 숨어서 올리는 담배에 실린 아릿한 슬픔의 위안처럼 포로로 떨며 몸을 올린다 앞을 향해 더듬어야 한다 표독한 거미의 앞발보다도 더 예민하게 더 조심스레 길을 두드린다

세상에 무슨 억하심정 있겠냐만 그래도 재어는 보자 평생을 재어본들 삶의 길이를 말할 수 있으랴 구차한 생의 바닥을 짚어 본다고 그 깊이를 알까 그래서 나 떨고 있는 것일까 그러나 비록 수많은 크기의 길이가 있다 해도 나에게는 나의 한 자가 전부요 지금 이 순간 누구에게도 자신이 있을 나만의 한 자를 스스로 이루고 있나니

지렁이

땅이 없었다면 빛인들 무슨 소용이리
흙이 없었다면 비조차 내릴 곳 있었으랴
일심동체는 나를 두고 내린 말씀이니
귀히 여겨야 할 것이야

깜깜하다고 해서 빛이 없는 게 아니며
어둠으로서 빛이 존재하는 것이고
땅 위의 모든 잘난 것
그 허영과 오만에 찬 영혼들은
흙의 정직한 겸손으로 속을 채운
나를 본받아야 할 것이야

나를 시험하지 말라
꿈틀대나 어쩌나 밟으며 시험치 마라
난 흙으로 돌아가
어둠의 빛으로 책을 읽고
흙의 향기로 명상하고
천천히 천천히……
그리하여 영원으로

집 없는 달팽이

하기야 애당초 집이라는 게
벗어버린 뱀의 허물과 같은 것일지 모른다
평생을 짊어지고 다녀야 한다면
또 하나의 십자가일지도 모른다

탈출하여 맨몸으로 벽을 오르는 그대를
또 하나의 눈길로 더듬어 보노라면
작은 집 하나 건사하려고 애태워온 세월들이
어이없거나 애달프거나

빠르게 산다는 것은
또 한편 무언가를 잃으며 산다는 것
앞으로 허둥대며 뒤로 허우적거려온 삶들이
애처롭거나 허망하거나

팔색조

아름다운 것은
부끄러운 일이다
수줍어야만 되는 것이다
뽑아든 검광劍光도
한번 뻗치게 되면
그로서 빛을 잃는 것이니
자랑하는 그 순간에
아름다움은 헐어 간다

팔색조를 보라
본 일이 있는가
그의 울음소리도 알아보는 이 극히 없으리라
여덟 가지 남국南國의 화려한 색깔로 치장하고
가늘지만 아주 높은 음역으로
숨어서 가끔씩만 노래 부른다
호오잇 호오잇
노자산 천연림에서
고향에 돌아와 짝을 이루었노라고
아무도 듣지 못하게 가녀린 하이소프라노로
호오잇 호오잇 노래한다

나의 시 제2부

골뱅이

간단한 골뱅이
큰 사발
친구들 오히려 쉽고
입마다 매워
파 냄새 후아 후아

젓가락 돌고
술잔 골뱅이도 돌고
개구쟁이 망나니 군바리
세월은 되돌아서
오늘에야 왔다

무어 큰일 한다고
흔들리지 말자며
나를 고집하였던가
쉽고
좋은 저녁을 지척에 두고

파뿌리 뒤집어쓰고
쑥 빠져나온 혀를
서로가 마주보며
닭서리 끝낸 악동들 마냥
낄낄대며 거리로 나선다.

북병산 고갯길

그 길은
숲에 묻혀
지금쯤 고라니가 긴 목을 빼야
겨우 뒤돌아볼 수 있겠다

첫 살림나던 어머니
낡은 경대 솥단지 지게에 앞세우고
돌 지난 아기 업은 채
머리의 보릿말 왜 무겁지 않았으랴

눈 내리던 날
미끄럽던 그 길
나는 중절모에 두루마기 백부伯父님이
읊으시던 하늘천 따지에
뜻 모르고 등에서 잠들었다

조부祖父께서 소 팔러
새벽을 나섰고
아버지가 하숙비로
쌀자루 메고 넘었던 길

이제 아무도 넘지 않는다

승용차 휙 몰아
건너편 터널로 빠져들며
나는 짧은 목 빼어 들고
그 길의 흔적 되돌아본다

김치 국밥

겨울의 긴 햇살이 거실 깊숙이 쳐들어 와
나를 일깨우고 만다
좁다고 투덜대던 아내가 없는 집안은 넓어서 희희낙락
잔소리 들을 일 없으니 그대로 한 대 피워 물고
소갈머리 없이 해죽대는 나를 나의 내장이 비꼰다
–저리 속도 없나–
–소주로 제 뱃속 버얼겋게 쑤셔놓고–
–그래 각시 나가니 좋니? 이 벅수야–

아내의 체온이 식은 찬 밥덩이를 꺼내며
–저언국 노래자라앙–
외치며 송해 아저씨가 울리는 '빰빠빠' 에
나도 볼에 힘을 주어 일부러 크게 한번 입을 맞추었다
김치를 넣고 끓이다가 찬밥 넣으면 되는
용궁해물탕보다도 더 시원한 그 국밥을
짐짓 '룰루랄라' 로 끓이다가
마주친 마른 멸치의 눈에서 슬픈 아내의 모습을 보았다
어느 정류장에선가 서 있을 아내의 어깨가 보였다

내 시린 속을 먼저 달래려는 나의 이기심을 증오하며
멸치의 눈을 김치로 덮었다
그 뜨거운 걸 입천장이 데이도록 퍼먹으며
배꼽 잡게 춤을 추는 출연자를 보면서 웃었다
눈물이 나도록

나의 시詩

잠마다 불쑥불쑥
나를 일으키는
뚜 뚜 뚜 뚜 지하철의 경고음
수많은 인파 사이에 떠밀리다가
용쓰는 바람에
요가 내 머리를 누르고 있었다

밤마다 식은땀
이제 좀 사그라들고
고향의 봄에 따라
밟혀졌던 나의 시 구절이
싹을 틔운다

언제 잎이 줄기가
그리고 꽃이 필 지는
어머니만 아시리

피지 않은들 어떠랴
아직 낮은 나의 시詩를 베고
고향의 뒷방에 홀로 누우면
달빛이 봉창을 지나
내 가슴을 더듬는다

물메기탕

첫사랑은 잊어도 좋다
아니 벌써 잊었을 것이다
소꿉놀이 첫 살림
그 비릿함에 섞였던 분 냄새의 신혼
그때쯤 내가 어디에 서 있었던가
서울의 골목길을 골뱅이처럼 맴돌며
소주와 곱창으로 번져나는 연기에
취해서 비틀거리던 IMF
이제는 잊어도 좋다
아니 잊어야 할 것이야
너를 찾으며
나의 독백은 여기에서 끝이다

계절의 귀퉁이에서 반가부좌로
나 홀로 너를 들여 맞이한다
나의 시린 속을 훈훈하게 데워 줄 그대여
풋기 어렸던 청춘과 비틀거리던 중년까지도
모두 식도에서부터 싸그리 훑어 내리실 님이여
종내에는
자꾸만 엷어지는 삶의 그림자

앞으로 지을 죄까지도
스스럼없이 미리 사면해 주실 그대여
나의 축복은 여기가 마지막이다

별리끽연別離喫煙

누군들 떠나고 싶겠는가
그러나 이제는 가셔야 할 때
운명적으로 그대를 만났지만
헤어져야 하는 게 숙명이라는데

더 빨리 타오르지 못해
자신에게 부린 앙탈이 그 몇이나 될지
서로를 탐닉하여 부지기수로 새벽을 잊고
몽정이 시작되던 날
그 첫날 하늘에서 오색의 현기증을 타고 내려온 거
기억이나 하실는지

사랑하기 때문에 헤어진다는 말
이제야 좀 알겠네
가슴 더욱 아픈 쪽
먼저 이별을 고한다는 이치
고무신을 거꾸로 신고 말았던
순이의 마지막 편지

그래요
이별의 통보는 단호하고 간단할수록 좋고
일일이 설명할 필요는 없겠지
타들어가는 가슴을 더 이상 지탱치 못해
그대에게 이별을 고하네
눈물을 보이지 않은 채
사랑했으므로

논산 훈련소

반평생 지나 아내는
내 손을 잡고
눈물을 훔치고 있다

논산행 입대열차 앞에서
차창으로 내민 손도 차마 잡지 못하고
기적 소리에 저 먼저 돌아서서
발 구르며 울던 소녀가

이제 비 내리는
논산 훈련소 연병장에서
이미 손을 놓아버린 아들을
우는 눈으로 놓지 않는다

삼년 동안 나를 지켰던
그 슬픈 눈으로
나는 이미 분간할 수 없는
판초우의 가득한 속의
아들놈을
끝까지 놓치지 않는다

새벽 둑방

밤에는 숨죽이고 있었을까
저 개울물 소리는
메꽃 한 송이
이제 생生을 벌이려 한다

겁劫에 닿아 있던 밤은
여명黎明으로 떨어져 나오고
긴 앓이를 거쳐
초로草露가 풀 끝에 올랐다

너무나 숙연해서
성호聖號를 긋지 않아도
새벽안개로 세례洗禮를 받고
티끌 하나 밟을까
발을 머리에 이고
돌아온다

새벽 설사

필시 내장들이 소동을 일으킨 게다
괄약근이 힘에 부쳐 나를 깨운 게 틀림없다
어젯밤 탁 탁 용감하게 털어 넣은 소주에
민감한 창자의 반란으로 뱃속이 온통 꼬르륵거림이다

영원히 맑디맑은 그 소주의 혼을
내가 너무 가벼이 여겼음을 참회하여
이 새벽에 나의 내장을 부여잡고
힘 들어간 볼기에 종아리 스스로 올려
회초리 맛을 보노라

게으른 나는
밤새 쉬지 않았을 내장의 힘찬 아우성 몸부림에
오히려 죄스러운 피학被虐의 쾌감을 느끼며
마치 잊었던 학창시절의 진귀한 사진을 만난 것처럼
애틋해한다 미안해한다

아직도 대학생

썰렁했던 방이
갑자기 따끈하게 좁아져
아내의 옆에는
밤차로 찬바람과 함께 내려온
맞선을 주선해도 좋을 법한 나이의 딸이 누웠다

대한민국에서의 학생 신분이란
그 곤함의 그림자도
제 엄마의 옆 방바닥에 뉘었다
이불 위로 드러난
야윈 어깨뼈가 티브이의 불빛에 흔들리고 있다

어머니의 옥수수

어머니께서 그저 중얼거리며 흘리듯
열리거나 말거나
돋거나 되거나 말거나
몇 알씩 뿌려 놓은 게
장마를 지나자
대장부의 기개도 드높이
하늘을 우러러 땅의 기운을
바람 피워 올리고 있다
세상의 풍진 밟고 일어나
태양의 기운 내려 받들어
신들린 떨림 보여주고 있다

어머니께서 쉬엄쉬엄 콩밭 메다 그저 혼잣말로
강냉이가 될거나 어쩔거나
호미 끝이 가는 듯 마는 듯
손질해 놓은 게
어느새 하늘을 향해 양 주먹 불끈
알통으로 시위를 하고 있다

저렇듯 무심히 자라도
한 청춘 푸르게 푸르게 장식하고
진주알보다도 더 탐스런
알알이를 줄지어 영글어
어머니께서 그저 지나가는 말로
우리 손자 방학했을 낀데
이번 토요일쯤 올거나 어쩔거나
내일쯤 강냉이를 딸거나 어쩔거나

갱년기

오늘 조금 늦은 나를
–어이구 용사야–
아내는 이불을 걷으며 툭툭 찬다
매번 이렇게 자기를 깨웠다면서
짜증이 묻은 높은 음이다
무슨 모임이 그리 많은지
어제 두 끼를 오기로 굶었는데
그럼에도 나는 말을
아껴야겠다

화분에 물 주고 있는데
빗자루를 휙하니 던지고는
–마당이나 잘 쓰소–
또 심술을 부린다
커피 마실 때는 그나마 나아
–여자가 왜 신경질 내는지 모르죠–
뜬금없는 이야기를
싱글거리며 하고 있다
아무래도 나는

아내의 꽃이 푸들이 망아지가
되어야겠다

울렁증

간밤에 나는 안녕하셨는가
주식 하나 가져보지 못했던 내가
이제 낯익어버린 객장
시퍼렇게 질린 전광판 앞에서
숨 가쁜 아나운서의 목소리를 몇 번씩 듣다
잠이 들었고

오늘 하루의 안녕을 빌어보기도 전에
밤새 바빴을 것 같은 지구 저쪽의 뉴스가
씩씩하게 울려 퍼진다
다우지수니 나스닥도 이제 친구처럼 여겨지기도 하는데
개판된 그네들의 시장이
너 온종일 우울해봐 라며 굿을 해대고 있다

따지고 보면
내가 잃을 것 하나 없는 뉴스에
가슴이 철렁대는 건
짝사랑 우리 순이 아랫동네 쪽발이에게 뺏기고
줄 없고 빽 없어 징집되어 초빵이 치고
왼발 오른발 서로의 군화끈 다투는 사이에

언제나 선착순은 시작이 되고
당연히 작살이 나고
그래서 별명이 에프학점으로 굳어져
아이엠에프, 아이엠에프, 자조하면서
회사생활 객지생활 그 눈칫밥에 파랗게 질려
그래서 생겨난 이 울렁증

윤돌섬

내가 어디를 향해 앉더라도
섬은 내 좌현左舷으로 25도쯤에 있었다
혹시 봉천동 고갯길을 운전할 때라도
핸들의 왼손 위에 섬이 앉아
일도 없이 졸았고
공원 벤치에서 소주잔을 탁 털어 넣을 때
수은등 위에 걸터앉아
나의 젖힌 목을 빤히 보고 있었다

나는 잊고 살아도
그는 항상 나를 보았는데
나에게 한마디 건네는 법이 없다
물 건너의 홀아비를 사랑한 어머니의 전설이
육지로 퍼지면서
상록常綠으로 벙어리가 되었다

그로 인해 아플 것도 무거울 것도 없었는데
내가 돌아오자
그는 내게서 떠나 섬으로 되돌아 앉았다
더 이상 내 눈에 섬은 없다
고향은 찾았는데
윤돌섬은 내게서 떠나버렸다

은행

양수리 지나
낡은 명퇴名退 어깨에 메고
씩씩하게 은행 털러 가자는
나의 말에 아내는
애써 웃음을 지었다

잿빛 하늘 빛바랜 코스모스에
덤덤해 하던 아내는
잡풀 사이 떨어진 알들을
토끼처럼 깡충대며
재수생 아들과 밀린 카드도 잊고
맨손으로 주웠다

나는 껍질을 깨고
아내는 고소히 구워 내고
두물머리 양수리의 배낭을 헤치며
신혼인 마냥 즐거워했다

가끔 아내는
꿈같은 목소리로
당신 이젠 은행 안 털어?

아 가을인가
남도南島의 고향에도 가을은 오고
은행잎 하나
내게로 떨어진다

연안부두 비둘기

이제는 날지 않으리
비굴한 것쯤은 상관치 않으리라
무리에서 밀려
너부러져 자는 노숙도 호젓해서 할 만하고
여행객 틈새 누비기는 내 절뚝발이 제격이다
자라다만 부리로는 과자를 쪼아대기 불편해도
친절히 밟아주는 어린이도 있고
덤으로 뿌려주는 아저씨도 있다
비 오는 날 대합실 구석에서 오종종 떠는 날은
왜 쓸쓸함에 빠지지 않겠냐만
이제 그 외로움마저 나의 깃털이 되어
깜박깜박 조는 꿈의 길잡이로 소중하고
어쩌다 진실로 울고 싶을 땐
절뚝이는 왼쪽 다리 고이 접어 올린 다음
외로움에 젖은 날개 깊숙이
목 놓아 운다
목을 처박아 놓고 운다

할만네

맞네 맞네
그래 할만네가 있었다
언제쯤이더라
대청마루에 요강이 없어지고
마루 밑 고구마도 동이 나고
우리는 쑥버무리에 물려
산으로 천방지축 칡이랑 참꽃*, 찔밥*에
매달릴 때였지 아마

해소병 누이 대청마루에 앉아
부신 눈 제대로 못 뜬 희멀건 얼굴에
먹기 아까웠던 찔밥 몇 줄기를 불쑥 내밀었었나
영등할미가
할머니 손 비비는 부엌에 왔었는지
오색기에 꽹과리 당산나무에 왔었는지
바닷가에 우뚝 솟은 솟대 타고
내려오기나 했는지 몰라

*참꽃 : 진달래의 사투리. 먹을 수 있음.
*찔밥 : 야생 춘란의 꽃, 꿩이 좋아한다는 뜻의 사투리.

휴게소의 현금인출기

검은 옷 입은 두 장정
곤봉에 가스총
검은 돈가방 바닥에 내려놓고
사각 얼굴을 요리조리 살펴보며
밤새 안녕? 인사하고
몸통을 쑥 뽑아 돌려세운다

궁금해 하는 내장
뽑혀 나가다 남은 지폐 뒤로
뭉칫돈을 채우며 툭툭 두드리는 손길에
인출기는 어깨를 으쓱이고
둘러선 객客을 향해
줄서 카드 꺼내 외치고 있다

쉬운 일 힘들게 해치운
용감한 장정들이 돌아가고
내 호주머니의 낡은 카드에는
얼마나 남았을지 모를 잔고가
부끄럼을 타고 있다

제3부

영랑 생가에서

그대의 단가 한 수

— 답시(광풍각 배롱나무를 읽고)

그때에 배롱나무가 있었나
광풍각 앞뜰엔 낙엽들이 흩날리고 있었는데
한 줄기 햇살을 탐하여
작은 걸음 옮기고 있었는데
그때 그대는 대숲에 숨어 있었던가
작은 세월들이 광음으로 지나가고
계절은 켜켜로 묵어 쌓여만 가고
나의 그림자가 광풍각 마루를 오를 때
그대가 단가 한 수를 읊었던가

***

광풍각 배롱나무

— 담양 소쇄원에서

호산 김현길

쟁쟁 대숲에 대바람 소리
도란도란 속삭이는 계곡물 소리
광풍각 뒤뜰에
귀 세우고 듣는 배롱나무는

대나무의 곧음에 반하기도 하고
계곡물 소리도 사랑하였으나
당겼다, 늦췄다, 흔들다가 놓는
기막힌 단가短歌 한 수에 그만,
시향詩香 따라 구불구불 홀로 늙어 가는
그렇게 늙어만 가는
소쇄원 배롱나무.

남당리*에서

갯벌엔
조개와 새우의 껍데기가 즐비하다
밀물엔
몸을 띄우거나 잠수하거나
남은 껍데기들의 아우성이다

차와 사람
먹는 자와 부르는 자에 밀려
나는 채석장에서 끌려온 바위들이 도열한 방파제에서
바다를 등진 채 터져 나가는 남당리를 바라본다

낙지와 쭈꾸미가 서로의
영역을 주장하고
개불과 새조개는 온몸으로
퍼포먼스를 펼치고 있다

아내의 재촉이 아니더라도
뭔가를 먹어야 되겠다는 생각에
쓴 입에 침을 삼키며
줄지어 늘어선 남당리로
걸어 들어간다

*남당리 : 충남 홍성의 바닷가 마을, 횟집촌.

선운사 상사화

보라의 햇살 소금밭에 흩뿌려지는 방안
여름 내내 북어 말라가듯
사막의 벌판에 쓸개마저 고이 펴
꼬들하게 말리면서
염천에 지친 너의 잎사귀
나와 같이 스러지기를 기다렸다

죽어서야 자유로울 수 있는
말라비틀어진 다음에야 피울 수 있는
우리의 사랑은
이미 전생에서 예고되었을 것이다
어찌 단 한 번의 눈길로
그렇게도 길고 뜨거운 입맞춤 어이 있었으리

누가 먼저랄 것은 중요하지 않다
더욱더 사랑한 쪽이 어느 편이든 관계없다
앞서거니 뒤서거니 이제는 하나가 되어가는
꽃무릇 꽃대 위에 터뜨려진 열락의 극락화로
도솔천에 이르는 길
드디어 맺히는 새벽이슬 한 방울에

나의 오장육부를 추슬러 비녀같이 몸을 세우고
너를 만나러 간다
기꺼이 만나러 간다

이미 나선 길
아무리 말라비틀어졌다손
가다가 쓰러지는 일은 없을 것이다
죽더라도 서운탄 말 어디 한마디 하랴마는
파랑새처럼 가벼워진 나의 몸을
오롯이 너의 꽃밭에 누이고
후생의 기약도 거추장스런 사치
도솔암까지도 필요 없으리
연못가 너의 꽃밭에 나의 육신을 누이고
다시는 깨지 않을 깊은 잠에 빠질 것이다
절대 돌아오지 않을 것이다

까치봉 고진동

까치봉이 어디던가
파편되어 휘날리던 눈보라로
천방지축 튀어 오르던 더운 피
한 방울씩 담금질하고
순이가 날렸던 마지막 구절을
면벽의 벙커에서 화두로 모셔
밤은 또 그렇게 풀어진 것도 없이 지나가고

고진동이 어디던가
개울은 북으로 흘러 고기들은 남으로 오르고
국방부 시계야 빨리 가거라
빌고 외치며 눈밭도 뒹굴고
고이 접은 청춘 갈갈이 찢어
철조망 가시 끝 일일이 피 묻혀 꽂아두고
나는 하산하였나니
마지막으로 손질한 낡은 군화
오리나무 가지에 매어두고
나는 상경하였나니

성포

객선客船은 오래 전에 끊어져
뱃고동은 기억 속에 사라지고
밤배 오지 않는 항구는
이별조차 허락하지 않는다

오랜만에 만난 남녀는
할 말이 서로 말라붙어
휘돌아가는 찬바람으로
일없이 서로의 가슴을 헤집고

어쩌다 이 밤 이 항구에서
상대의 상처를 달래줄 수 없는
서로의 슬픈 한계만을 확인하고 있구나

물 위의 등댓불
낡은 잔교 위에 흔들리며
달이 지고 있는데

소록도

중앙병원 앞 흡연 휴게실
한적하여 어딘들 담배 피우지 못하랴만
굳이 들어선다
창이 열려져 있는 아담하고 썰렁한 공간은
담배 연기 대신 금목서의 향이 가득하고
관악기 연주음에 실려 몇 그루의 솔(松)을 거친
갯내음도 묻어온다

외지고 서러워서 더욱 정갈해진 오솔길에서
만난 수녀님은 금목서 은목서의 전설을 담담히 전해주는데
오히려 가슴 아려오고
그 너머의 중앙공원에는 일제日帝는 가고
황금편백이 가을을 자랑한다

아 한하운 님은 찌까다비 벗을 때마다
발가락 하나씩을 황토에다 묻고
초연超然한 파랑새 되어 피안彼岸으로 날아들었지만
세워져 있는 어느 누구의 시비詩碑보다도 더욱 육중하게
대지 위의 반석盤石으로 시가 되었다

한센병 어르신 몇 분들이 들려주는 옛이야기에
보리피리 피일릴리리 읊조리며 누워 계신다

소록 소오록 사오록 싸으륵 사르륵
첫눈이 오실 때에도
보리피리 피일릴리리 불고 계실 것인가

순천만 갈대밭에서

갈대가 흔들린다고 우는 것은 아니다
설마 태양이 스스로 슬퍼 석양이 핏빛일 리 없고
왜가리 한 마리 외로운 것이 아니다

그래 순천행 기차를 탈 수밖에
쉬엄쉬엄 가는 경전선의 열차
군데군데의 빈자리는 오히려 좋은 동반자

갈대가 잠들어 있을지 모른다
석양을 보내는 개밥바라기 나타나고
나룻배 스스로 묶여 점호하고 있을지 모른다

벌써 눈시울 붉은 것 슬퍼서가 아니다
불쌍하게도 남아 있던
너에 대한 미련 찌꺼기 온전하게 초상하고
이제야 밝히지만
어디로 튈지 모르는 너를 쫓느라
다 헤진 육신을 그나마 수습하여
이제 진정으로 너를 마감하고
겨울을 향하여 떠난다

울지 않는 갈대가 더 슬플지 모른다
시작하면 끝이 염려되어 울지 않는지 모른다
나는 언제 울음을 터트릴지 모른다
벌써 어두워진 순천만 갈대밭에서

여차汝次

빠른 물살과
휘날리는 산세山勢에 비켜
막내를 안은 채
살포시 돌아앉은
어머니 엉덩이 모습으로
여차는 몽돌을 보듬고 있다

물의 손으로 억겁億劫을 빌어
누를 황黃이 검을 현玄으로
뿔 각角이 활 호弧 되어 태어난
몽돌을 여차가 기르고 있다

그대여
다시는 오지 못할
어머니의 바닷가에서
무엇을 맴도시는가

시름을 몽당으로 갈아
영원永遠으로 날려버릴
여차의 몽돌바다에
자글거리는 그대 가슴을
이제 내려 놓으시게나

외포항에서

몸통을 반으로 가르며
뼈 발라내기를 마친 아낙이
살점을 얼기미*에 놓고
수돗물에
빡빡 밀기를 계속한다

멸치들의 꿈은
이수도利水島 앞바다에
빤짝이던 비늘로
남아 있고

산나물에 초고추장 버물어진
살점은
고소한 고명가루로
치장까지 되어
상 위에 오를 터

친구야
간밤의 고향 이야기가
짧았는가

봄볕에 빤짝이는 외포항에서
해장술인들 어떠랴
자네의 도시 얘기나 들음세

* 얼기미 : 눈금이 굵은 체(경상도 방언).

작은 골 작은 집

문득 좋다
아~ 밤꽃이다
밤꽃으로 둘러싸인 조그만 골짜기
그 화심花心에 작은 집 하나 지었구나
스쳐 지나가는 버스의 창 안에 앉아 있어도
가슴에 후욱하니 짙은 밀향密香 번져온다

화심의 주변은
가지의 뻗힘새로 한눈에 복숭아밭이구나
지금쯤 통통하게 살이 오르고
수밀도의 골이 또렷이 파여지고 있겠다

이제 저녁이 다가오고
들에 나갔던 아낙께서도 돌아오실 때 되었겠지
밥 짓는 솥에 가득한 밤꽃향으로
가슴이 달뜨기 시작하면
집 좁다는 핑계로 복숭아꽃 아래서
질펀하게 벌이던 봄밤의 정사를 생각해내면서
엉덩이를 벌써부터 들썩이며 낭군님을 기다리실지 모른다

차마 밤나무 밑에서 벌이진 못하리라 하더라도
밀향의 페르몬이 깔린 좁은 방 안에
등을 방바닥에 누이는 순간 밤송이에 찔리기라도 하듯
전율의 비명은 지를지언정
서로가 항복을 결사코 반대하면서 서로의 밤을 지샐지
모른다

영랑 생가에서

며느리 내보낸다는 사월의 끝물 햇살도
붉어 자지러지는 모란에 눌려
돌담에서만 두런대고 있었습니다

장독대와 샘 주위를
돌다가 앉은 툇마루에는
댓잎의 낙엽들이
하지 않아도 좋을 옛이야기
소곤대고 있었습니다

남도로 홀로 떠나온 길은
내 여인을 향한
가냘픈 나의 몸짓이자
궁여窮餘로 떠나온 길이라는 걸
당신의 삼백예순 날이
하냥 울음조차 섭섭했던 것도

이미 불붙기 시작한 자신의 정염을
제 스스로 어쩌지 못해
그대로 녹아내리는
모란을 보며 알았습니다

청마를 기리며

— 청마탄생백주년에 부쳐

가는 봄은 잡지 못하나
또다시 기다릴 수는 있는 법
끝봄이 무르녹는 둔덕골* 언덕에서
보리줄기 꺾어들어 차마 불지 못하고
땅에서는 아예 있지도 않을
청마를 기리노라

이상의 푯대 끝은 얼음보다 차가웠으나
내어걸린 깃발은 청보리밭을 달려가고
생명을 그토록 사랑하면
바위조차 그리움으로 태어난다

나에게 어느 누가 남아 있어
또다시 사랑을 하게 되는 행운을 누린다면
우체국이 훤히 내려다보이는 카페의 창가에서
문자를 보내리라
아 사랑하는 이여

*둔덕골 : 청마 선생님이 태어나신 마을.

통영운하 · 1

그래도 여기에 앉아야 한다
통영운하가 보이는
석양이 저물어 지고
하나 둘 켜지는 동안東岸의 전등불들을 따라
한동안 잊고 살았던 너의 눈동자를 그려 내려면
서안西岸의 높은 창가에 앉아야 한다

안경을 내려놓고 눈을 반쯤 감은 채
최면술사의 회중시계를 보는 듯 침잠沈潛하여
비로소 너의 눈동자 그리고 기다란 생머리의 얼굴을
기억해 낼 수 있다는 걸 알고 있다

슬퍼할 일도 아닌데 슬픈 표정으로
딱히 외로울 것도 없지만 그런 마음으로
너의 눈동자를 바라보아야 되겠다는 생각은
어디에서 나온 것일까

그래도 여기에 앉아야 한다
물길을 거슬러 돌아오는 배들의 숨찬 물결 속에서
너의 호흡을 찾아 나의 입을 맞추고
손잡고 한없이 걷던 운하의 끝까지를 바라보려면

통영운하 · 2

이제는 우리 만날 수 있으리
그 찰랑거리며 흐르던 물의 목에서
그대가 나에게 남겼던 슬픔의 단어들을
하루 종일 곱씹어 석양은 지고
운하의 한기寒氣로 밤의 별들이 오소소 돋아나
울 수도 소주도 없이 마냥 걷기만 하였던
서울의 산 귀퉁이에 살면서
곱창과 생선구이 냄새 골목들을 골뱅이처럼 맴돌며
물처럼 세월들을 낭비하였고
그때쯤 그대도 어디에선가 허겁지겁 살면서
나에게 뱉은 마지막의 언어들은 아예 잊었으리라

이제는 우리 만날 수 있으리
충렬사 아래로 동백꽃 흐드러졌을 테고
해저터널 언덕에는 개나리 삐죽 나오고 있겠다
조류에 실린 봄바람의 결을 따라
잊고 살았던 아픔의 기억들을
한 장씩 꺼내어
한 장씩 흐르는 운하에 날리면서
이제 우리 만날 수 있으리

홍 포

산기슭 돌아
해무海霧 피어나는
꿈의 마을

망산에 살다
크고 작은 병대도*에 노닌다는
노고할미가
안개 사이로 불쑥 주름진 손을 내민다

낡은 집 허물어지고
새집들이 오히려 외로움에 젖어
수묵水墨의 담채淡彩로 번져나는
또 다른 전설이 되고

일 없이 왔는데
홍포는
돌아갈 일이 있기는 하냐고
저 아래 파도 소리로
나에게 묻고 있다

*크고 작은 병대도 : 대 · 소병대도, 거제도의 홍포와 여차 앞의 섬들.

제4부

찬란한 이별의 무대

냉장고와 벽시계

악어 새끼들의 부화음 같은
그 쉰 듯이 애처로운 목소리가 어디에선가 나는 것이
낡은 벽시계의 뻐꾸기 울음이라는 걸 이제야 알아냈다
첫 집장만의 집들이에 들어왔던 뻐꾸기는
수많은 이사 통에 솔방울의 발簾도 없어지고
창문도 열리지 않는데
목이 쉰 뻐꾸기가 시간마다 속에서 울고 있었다

덩치가 큰 인공지능냉장고가
좁은 주방을 덩그러니 차지하고 있다
이사 가던 사람이 무거워서 그냥 두고 간
그 머리 좋다던 냉장고가
요즈음 뒤죽박죽으로 울고 있다
멍청해져만 가는 나를 닮아가는 것일까
뜬금없이 밤에도 울어대며 제멋대로 불을 켠 왕방울의 외눈이
수면운전, 입체그물냉각, 강, 약, 절전, 중약, 삐약삐약
다양한 메뉴의 눈알을 굴리며 삑삑 대고 있다

뻐꾸기시계를 죽일 수도 없고
그 인공지능의 머리 문제는 고칠 수도 없을 것
하기야 나도 오십견에 뼈마다 비명 소리가 나고
밤으론 쓸데없는 잡생각으로 잠 설치기 예사니
그냥 같이 살 데까지 가보자
더불어 가는 데까지 가보자

나를 잡아 잡수실 그대에게

어찌하실 요량이신지 히말라야 설산에 토막 내어져 던져진 몸을 독수리의 발톱과 부리로 쪼아 드실 것인가 그때 나의 남아 있는 꿈이 아직 붙어 있는 체온의 실마리로 개구리의 다리근육마냥 움찔거린다면 그대가 쪼아대던 부리를 한번쯤은 쉬어나 주실는지 수장되어 불어 터져나가는 나의 육신을 눈부터 쪼아댈 갈치나 내장으로 그대로 돌진할 상어마냥 흰 이빨을 드러내놓고 덤비실지 그때 피 묻은 그대의 이빨을 헝겊으로 변한 나의 속옷을 냅킨 삼아 문지를 때 그대를 절대라고 부르며 사랑한 나의 순정을 기억에 올려나 주실지

어쨌거나 진정 나를 잡아 잡수실 요량이신데 내 어찌 피할 수 있으랴 밤마다 눈앞에서 일렁이는 그대의 아가리와 부리를 뻔히 보고도 애타게 그리워 허우적대는 것이 그 모든 것의 전조이니 차라리 불붙는 사막에 바짝 마른 장작으로 말라비틀어져 숯으로 뜨겁게 달궈지자 굴비마냥 미이라가 되어 기꺼이 그대 자린고비의 두고두고 안주가 반찬이 되려 하네 그대의 뜻은 어떠하오

로드킬

가만 있자 아니 저 아스팔트 바닥에 부조마냥 납작하니 붙어 계신 게 사 선생 아니신가 어제 하늬바람 등에 업고 양도리깨도 당당히 영산홍 가지를 타고 진군가를 부르시던 당랑권법의 사마귀 선생이 틀림없구먼

밤새 저잣거리로 내려오셨던 게지 고수가 무림에서 당했을 리는 없을 것 기는 곤충 날벌레 그야말로 원샷 원킬로 악명 높은 그대가 고픈 배를 움켜쥐고 하산하지는 않았을 터 오히려 군것질에 혹했을 게야 레이더보다도 더 오똑한 두 눈이 홍등에 돌아버렸던 게지

씹다 버린 껌과 나란히 평판되어 버린 그대를 내가 어떻게 초상해주랴

봄 가을 그리고 겨울

여기에 셋 있습니다
봄도 있고 가을 겨울도 있습니다
꽃 피고 새 울고
한 잔까지 걸쳤는데
꽃은 떨어져 피어나고
새는 울어서 깨어납니다

잔 들어 그들을 초상하며
우리는 또 내일이기를 포기하여
잔 속에 빠지고 싶습니다
이대로 잠들기 희망합니다

내일이 그래도 밝아 오면
우리는 서로의 산만해진 꿈들이
봉두난발하여 엉켜 있는 모습에
서로 머쓱해 할 것입니다

그러나 오늘은
날리는 꽃비 아래에
셋 있습니다
달 대신 가로등이 꽃비를 뿌려줍니다
잔 속에 흔들리는 꽃잎을 보며
우리의 청춘들을 이제는 마감하고
이대로 잠들고 싶습니다

불타는 닭발

구리석쇠 위에 저 살공양하여 향훈보다도 더욱 진한 마지막 육신의 남은 연기로 송풍구의 내민 주둥이에 빨려 들어가 결국에는 지구를 탈출해 나가고자 하는 너의 염원을 보고 있다

남은 애환마저 고이 태워 올리는가 닭이여 그 마지막으로 공양되는 발이여 애틋하구나 두 다리의 맨발로 종종대며 살아온 세월들 횃대에 올라 물똥은 쌌을지언정 제대로 홰 한번 치지 못하고 살아온 삶

이제 그 마지막을 정리하는 자리 누가 비웃어도 괘념할일 없건만 왠지 그래도 눈물 한 방울은 남기고 구릿빛 숯불을 곁으로 쬐며 나의 늙은 뺨을 홍조로 일깨워 눈물에 비친 소주 한 잔을 올린다

불혹不惑 넘어 지천명知天命에

아이스케키 그 재미있던 장난의 후유증일 것이다
아직도 철부지의 미망迷妄에 흔들리고 있는 것이다
짧아서 아이스케키할 치맛자락도 없는데
하얀 속다리의 태態를 바라보며 손끝이 뜨거워지는 것
시답지 못한 못된 버릇의 끝은 어디까지일까

허리를 굽히는 사람 뒤엔 서지 않으리라
팽팽하게 돌출되는 엉덩이의 후미後尾에 서게 된다면
혹시 합장合掌하고 검지 두 개를 붙여 내밀어
권총이 되는 나의 손을 황망慌忙히 거두게 될지도 모른다

시선을 바로 두지 못해 피해 가거나
빙빙 돌아서 다시 오거나
학창시절 커닝으로 단련된 눈은 여름만큼이나 바쁘고
주위는 온통 나를 지켜보는 선생님들인데
혹시 나 자신 내 뒤에 누구 두고
허리 굽혀 엉덩이 내밀지
걱정해보는 오후午後

곤란한 세상

어지간한 기사로는 중년의 소주자리에도 끼지 못하고
은행강도쯤은 찜질방의 가십거리에 들지 못한다
노랑신문의 핑크빛 염문에는 십 대들도 우스워하는데
어찌 티브이나 신문들이 과장해 뽑지 않으랴

삼십 년을 같이 살아온 아내
웬만한 노력 봉사로는 감격해 하지 않는다
눈물겨운 용돈을 비축해
아직도 능력 있는 사내라고 과시하며
이벤트를 펼쳐주어야 한다

아동들은 이미 고단위에 남용되어
차세대 항생제 없인 병 낫기는 틀렸고
범람하는 비아그라는 이제 약발이 떨어지기 시작한다
아니, 임신할 생각은 전혀 없는 여자들이
벌써 그 이상을 요구해대는 세상이다

분유를 먹일 것이면서 수유능력 뽐내려 가슴을 부풀리며
멋진 2세를 보장한다며 얼굴을 뜯어 고치고
피임약을 먹으며 배란기인 양 화장발로 무장한다

이제 봄조차 여름인 체하며 겨울은 이미 봄을 닮아 있다
꽃들은 서로 벌과 나비를 다투어 가루받이의 순서를 흔들어 놓고
바야흐로 삼라만상이 화장발 없인 곤란한 세상이 올 모양이다

블루스

떠난다
이제 나의 여인아
그대 수밀도水蜜桃의 가슴은
고동 소리 울려라

질척거리던 빗길
꼬여들기만 하던 지난 일들
닻줄* 처럼 잘라버리고
기나긴 항해에 몸을 실어라

새벽이 오면
어디에 도착할지
나도 나에게 묻지 않는다

오직 나의 날개는 학처럼 우아하게
그대를 안고
단전丹田에 돛을 올려
나아가리라

달빛 타고 흐르는 음률
쏟아져 내리는 별빛 너머로
발의 버선코 살며시 밀어 은하수를 밟아라

힘들고 외롭더라도
지금은 말하지 말자
단지 그대의 가슴을 나의 꿈에 얹고
블루스의 바다로 떠나자

*닻줄 : 배를 정박시키기 위해 닻(앵커)에 매어둔 줄.

아내의 잠자리

분명 내가 첫사랑이었을
그 첫 키스의 아카시아 언덕에서 놀고 있는지
하루에도 두세 통씩 배달되던
봉함 편지의 개봉으로 설레고 있는지
첫째 둘째 애기를 안고 공원행 만원버스에서도
즐거워하던 옛일 떠올리고 있는가
하루의 일상이 반쯤 나로 인해 정신이 없었을
아둔한 나의 고집에 그대의 청순함에도
한계가 지났을 세월들을 뒤로하고
그대 꿈꾸고 있는가
청보리밭 넘실넘실 풋풋했던 사랑의 옛 시절을

이제 나의 꿈에는 의미를 두지 않는다 오십이 넘어 징집영장이 나오는 개꿈 같은 꿈뿐이다 한 모금 다시 잠들어 새벽 빗소리에 눈을 뜨면 어느새 아내는 앓고 있다 입영열차가 기적을 울리며 까까머리인 나를 싣고 떠나가던 마산역 승강장에서 발 구르며 울고 있는 것일까 봉천동 고개의 빙판 골목길을 다리를 절며 기어 올라가고 나의 어수룩했던 도전으로 다시 셋방살이를 전전하던 면목동 산기슭을 더운 숨으로 올라가고 있는가

가위에 눌리고 있는 것이다 필경 누군가에 쫓기고 있는 것이다 언제나 급한 나의 발걸음에 투정대던 아내는 언제나 잡힐 듯 끙끙대는 것이다 봉천동에서도 면목동에서도 힘이 되어주지 못했던 나는 아내의 쫓기는 꿈조차 지키지 못한다

오브라디 오브라다*

— 천국에서 보내온 반지*

당신이 보내온
이 세상에서의 마지막 전화를
나는 받지 못했어요
이제 걸음마를 시작한 작은애를 왼손으로 안고
오른손으론 큰애를 질질 끌다시피
승용차로 뛰었거든요
거센 물줄기가 몰려오는 뒤를 돌아볼 겨를도 없었어요
길이 막히면서 뒤를 돌아보는 내 눈엔
우리의 보금자리 사랑을 꽃피운 고장
게센누마*가 커다란 파도에 유린되고 있었어요
아니 내 뒤의 승용차가 둥둥 떠내려가고 있었어요

그래요 어찌 말로 설명할 수 있으리
라이프 고즈 온
오브라디 오브라다

차가운 마룻바닥의 대피소에서
당신의 소식을 들었어요
담요 한 장에 나란히 잠이 든 당신의 두 딸을 확인하고
서야

나는 비로소 울 수가 있었어요
병원의 영안실에 계신다는 당신을 향해
달려가는 긴 시간 속에서
나의 머리는 무슨 생각이었는지 기억나지 않네요
영안실의 철제 상자 속에
찢겨진 속옷차림으로 진흙이 군데군데 붙어 있는 당신을
젖은 수건으로
이 세상에서 마지막으로 닦아 드리고
상자의 끝에 있는 당신의 발에
허리 숙여 입을 맞추었어요

누구의 죄인가
뒤흔든 땅인가
덩달아 넘쳐난 바다인가
그들을 부추긴 하늘인가
life goes on
obladi-oblada

나는 그렇게 당신을 보냈어요
당신을 보내고 이틀을
여자 셋이서 부둥켜안고 지냈답니다
나는 울지 않았어요 큰애도 울지 않았어요
햇살이 비로소 화창한 오늘 아침에
당신의 택배회사 동료가 눈에 익은 당신의 가방을 전해 주더군요
회사의 사물함을 정리하면서 나왔다고
아 그 속엔
내가 한 번도 받아 본 적이 없는
예쁜 포장의 작은 상자와
가느다란 반지 하나가 환하게 웃고 있었어요

그래요 그새 시간이 그렇게 흘렀네요
라이프 고즈 온*
오브라디 오브라다

화이트데이에 평생을 받아보지 못한 선물로
나를 놀래키려 미리 준비해 두셨던 게지요
미리 주셨어도 나는 당신을 뱀처럼 감고 돌며 기뻐했을

거예요
이렇게 꼭 울려야만 했나요
화이트데이를 앞둔 어느 날
당신에게 부렸던 선물 투정이 부끄러웠는데
이렇게 되고 보니 그게 운명의 전주곡이었나요
하늘에 계신 당신이 보내온 가느다란 반지
차마 닳을까 혹시 날아갈까 아니 쉽게 여겨질까
내 손에 끼지 않고 평생을 소중히 간직하겠어요
당신의 두 딸과 내가 험한 세상에서 또다시 쓰나미 같은 어려움을
만난다면 그때에 꺼내어 보려 합니다
사랑합니다 고맙습니다 당신

*오브라디 오브라다 : 나이지리아 말로서 '그래 염려 마. 그래도 삶은 계속되고 있어' 라는 뜻이다. 비틀즈의 노래제목과 가사 중의 후렴으로 쓰였다.

*천국에서 보내온 반지 : 조선일보 보도 내용 및 머리말.

*게센누마 : 동일본 대지진과 쓰나미로 최대의 희생자를 기록한 도시.

*라이프 고즈 온 : '삶은 흐르고 있다.' 라는 뜻으로 비틀즈 노래 〈오브라디 오브라다〉 가사 중의 일부.

울음의 절차

이제 그분이 내리실 때도 되었겠지요
띄엄띄엄 장마 사이로
간간한 햇살들이
저리 반짝 노을 지어 타들어 가고
아직 습기 많은 대지의 열기가
그래도 저녁바람을 타고
뒷산 자락 너울대며 번져 나가고 있을 때
아마 그분이 오실 것 같아요

나는 스스로 울지 못해요
이리 가슴속 빗방울 가닥에
꽃 이파리와 나뭇잎 몇 개 섞여 떨어지기 시작하면
나는 알아요
이제 울음신이 내리기 시작할 것이라는 걸

이번에 오실 울음신은
만만하게 돌아가실 것 같지 않네요
워낙 오랜만인데다가
오시는 예고 또한 길고도 지리했거든요

낮게 깔려오는 저주파의 그분 음성을 잡으려
나는 벌써 귓불을 붉게 하고
솜털까지 곧추세워 놓고 있어요

아 나는 그분이 오시는 전조에 벌써 취해
이번에 오시는 것이 마지막이 아닐까 하는
두려움에
울음조차 시작치 못하고
떨고 있어요
이제 막 사시나무 떨듯
떨어져 무너지고 있어요

찬란한 이별의 무대

의도는 하지 않으시겠지만
그래도 어느 순간 떠나는 날들이
치자꽃 향기를 따라 땅에서 솟아오를지 몰라요
그런 전조의 느낌에는 당신이 훨씬 예민하여
나보다 앞서 헤어질 준비를 하시겠지요
치밀한 준비로 멋진 상황들을 연출하는 당신은
헤어짐의 무대를 어디에서 어떻게 설정해야 될지
조명과 배경음악을 몇 번이고 되짚어 결정한 다음
마지막의 대사를 고르고 골라
최후의 연습에 들어가시겠지요

그때쯤이면 부디 나에게도 예고의 신호를 조금이라도 주세요
우리가 밤낮으로 사랑하던 승용차 안의 기어박스에
뭔가의 메시지를 올려주세요
항상 두 사람의 손이 맞닿아 있던 그 자리에 말예요
그런 신호의 방식은 당신이 더 잘 아실 것이라 생각되네요
아직은 헤어지기 아까운 좋은 계절이예요

그러나 이별은 어찌할 수 없는 보랏빛의 밤안개와 같아서
뛸 수도 잡을 수도 없는 상황일 것이고 보면
이렇게 미리 이야기하는 게 좋을 것 같네요
이미 당신은 이별을 위한 준비에 들어가고 있는지도 몰라요
부쩍 말수가 줄어든 당신에게서 불길한 느낌을 받았는지도 몰라요
그러나 나는 기꺼이 당신이 연출하는 슬픈 무대에 동참하여
마지막을 함께할, 그리고 그 이후엔 어떻게 될지 아무도 모르는
무대를 기대하며 들뜨고 있습니다
당신이 연출하실 그 찬란한 이별의 무대를

축시

이기는 편에 서다

— 계룡초등 75회 졸업식에서

날씨야 흐릴 수도 있고 눈보라도 어찌 없을 수 있으랴
그러나 진정으로 꿈꾸는 사람 기꺼이 헤쳐 나가고
열사의 불모지나 풍랑의 오대양 혹한의 남극 북극도
개척자들을 위한 도전의 무대 그 이상이 아니다

히말라야의 벼랑 끝 같은
선택의 기로에 놓일지라도
우리들은 결코 주저하지 않고 현명한 길을 결정할 것이며
하늘이 우리의 의지를 시험한다 하더라도
결코 굴복하거나 좌절하지 않으리

따뜻한 남녘의 크고도 넉넉한 섬
그 계룡산 아래에서
같이 뛰놀고 공부하며 자랐던 우리의 친구들아
앞으로 더욱더 자라서 세계를 향하여 뻗쳐 나가겠지만
오늘의 우정을 잃지 말자
이 푸르고도 다정한 교정과
항상 정다웠던 언니 아우들과 선생님
계절이 바뀔 때마다 꺼내어
추억으로 닦아보며 힘을 내리라

이 순간
지난 육년의 초등학교를 마감하고 중학교 고등학교로 나아가는
엄숙한 발의 디딤에서
경건하게 기도하며 나서리라
사악의 냄새나 병의 징후들은
감히 우리 계룡초등의 친구들에게 끼어들지 못하리
나약한 마음이나 불순한 도덕들은
저 멀리 비켜섰거라
우리는 일시적으로 또 부분적으로
넘어지거나 패할 때도 있겠지만
결국에는 이기는 편에 설 것이다

아 가슴이 설레어 오도다
하늘이여 계룡산이여
우리의 앞날을 축복하오시고
발길
발자국마다 신의 은총을 불어넣어 주소서

축제 그리고 다음

이제는 사랑치 않을 것입니다
뜨거웠던 밤은 단 한번으로 끝난다는 것을
눈을 뜨면서 느꼈어요

나의 영혼을 출렁이게 했던
긴 머릿결은 아직도 블루스의 리듬에 빠져 있는 듯
당신의 입가에 머물러 있던 축제의 여운
살짝 돌아간 허리의 선
엄지발가락
그 꼼지락거리며 아직도 간밤 퍼포먼스의 기운 어린
빨간 엄지발톱
달콤한 푸딩의 디저트를 즐기는 모습이네요
순서대로 나열된 속옷을 벗은 역순으로
감상하면서
모든 것이 단 한번으로 끝난다는 걸 깨달았어요

코드처럼 얽힌 옷가지에서 나의 속옷을 분간해 내며
우리가 불렀던 축제의 노래
피워 올린 향 촛불
서서히 그러나 격렬히 벌였던 춤의 향연

길고 뜨거웠던 육체의 제전

아 모든 게 끝났다는 걸 깨달았어요
다시는 당신을
그리고 사랑을 찾지 않을 것입니다

축제는 끝나고

진정 축제는 끝이 났는가
아직도 웃통엔 더운 김으로 가득한데
장구채 차마 놓지 못한 손으로
사위어져가는 화톳불
일없이 끄적거려 본다

어떻게 찾아온 장인데
얼마나 기다려온 님인데
이리도 한순간에 타오르고 끝이라니
타고 남은 재가 다시 기름이 된다니
얼마나 또다시 기다려야 한다는 것인가

아직도 진정 연습인 게야
꿈속에서 용천벅구를 넘는 것도 과정인 게야
만나고 보내고
또 그리워 안달하는 것도 필연인 줄 어이 모르랴만
아소 님하
오늘 밤은 진정 아니 되겠소이다
그대를 고이 돌려보내지 못하겠소이다

생강나무 잎새

고요한 숲 속
햇살의 편片이 작아서 애처로이
생강나무 위에 얹혀진
보드라운 잎새를 보아라
떡갈나무 밑 버섯이 피어나려
일체의 바람은 삼가하고
누구의 힘도 없이
스스로 살랑 한번 흔들어 보이는
저 생강나무 잎새를 본다

마치 손수건 흔들어 떠나는 님을
배웅이라도 했어야 했다는 듯
아님 애시 설부른 사랑은
하지 않았어야 했다는 듯
눈여겨보지 않으면 그냥 스치고 말
그 작은 손짓을 본다

Blue in Blue

저리 이쁘게 토라질 수 있다면
나도 여자로 태어나고 싶네
예쁜 사랑의 끝에 다시 새초롬 돋아나는
그대의 Cherry Blue

솔 그늘에 깃들은 습새
몽돌 밭 언저리 졸고 있는 돌게
아직도 쓸쓸한가 Scotch Blue
밤하늘 고이 밝아오는데

먼저 젖어 온 쪽은 누군가
산 하늘 바다 그리고 나
어둠의 Indigo Blue
어디에서부터 다시 시작할까

세상의 끝에 설지라도
그대 손이라도 잡을 수 있다면
차마 서러웠던 삶이었더라도
아 Blue Mountain

끝없이 자라나는
외로움의 꼬리를 자르자
바다도 울고 싶은 날이 있다
그래서 오늘은 Blue in Sea

밤파도에 밀려온 조가비
씻겨서 먼저 달아난 하얀 소녀
다시 피어나는가 Blue in Moon
달 속에 너 보인다

황홀했던 계절들

추운 방에 홀로 앉으면 뒷산에 두고 왔던 나목裸木들이 어느 결에 전열기 뒤를 그림같이 에워싸고 나를 지켜보고 있다 황홀했던 계절들을 쫑긋이 부리로 말아 떨어내고 가끔은 신음인 듯 소리내며 가까이 다가와 아직 준비 덜 된 나의 몸으로 하나씩 들어온다

조금은 움츠려 자리하는 겨울나무들은 간혹 중첩은 있어도 부딪힘이나 군소리 하나 없다 자리한 정숙한 그들로 인하여 나의 몸은 떨어내리는 신들린 전율이 계속되고 있다 떨림이 잦아들고 전열기 앞에 내가 누구도 없이 쓰러질 때 나목들도 뒷산으로 돌아갈 것이다 쓰러진 나의 몸을 찬바람으로 염殮하고 글 한자 새기지 않은 갈잎 한 줄기 남긴 채

제5부

윤돌섬 별곡

개 화

목 꺾어 새우등 사타구니 바짝 올려
꾸다 만 애린 꿈 천장에 붙여놓고
봄이여 하마 오시나 떨며 지낸 세월들

이제사 필 양인가 석삼동 그리 동동
웅크린 몸 뒤틀며 옴짝옴짝 하더마는
진정코 터진다는데 이 무슨 슬픔인가

한 손은 술을 들고 딴 손으론 달빛 들고
포르르 벌어지는 꽃잎들을 헤아리다
기어코 만발이어라 별빛에 나는 지고

마른 멸치

시퍼런 회칼이나 외과의 메스도 없이
이리도 반듯하게 쪼개질 수 있다면
심난한 세상 쉬울 수 있으리라 그 명징

둘로서 나뉘었으나 이편이나 저편도 없이
햇볕에 마른 몸을 또 말릴 수 있다면
이보다 어찌 선명하랴 눈부신 고해성사

사랑 그리고 세월

아직도 나를 사랑하시냐 물으시는 말
실은 그대 자신에게 물어 보고팠던 것
우리의 사랑 스스로 자신 없어진 게지요

마스카라 힘주어 나의 눈에 맞추고
검지로 내 가슴에 동그라미 그리는 건
새로이 불 지펴 나갈 뭔가를 찾으시고

뒤돌아서 바닥만 바라보는 그대에게
당장에 필요한 건 뜨거운 포옹과
프렌치 키스라는 걸 내 어찌 모르오리

선운사 꽃무릇

그것은 여름 내내 조바심이었어요
터지고 있었는데 가슴은 미어지고
이제나
솟아오를까
하마 아직 이르실까

여삼추 같은 하루 사십구재 마음으로
시들어 빠진 청춘 온전히 초상하고
제대로
곧은 꽃대를
쭈욱 뽑아 올리소서

드디어 가옵니다 선운사 골짜기를
나 어찌 후회나 무슨 미련 있사오리
터지는
열락의 극락
제대로 눈 감으리다

송 화

송이라 하였는데 꽃 화를 이름이라
평생을 애오로지 기다린 봄이언마는
뭇 꽃이
다 핀 뒤에야 핀 듯 만 듯하는구나

꽃이라 어찌하리 꽃잎인들 있사오리
초엿새 가슴으로 송순을 기리어서
떨면서
차마 올리니 받으소서 님이시여

만화가 방창하여 천향을 자랑해도
삼동을 지내느라 나 또한 상했는데
오히려
어려워 말고 피우시게 송 화 분

수국 · 2

보라색 옅은 무늬 포플린 블라우스
누나의 가슴을 바라보다 아 눈 부셔
나비가 날아오른다 아득했던 시간만큼

춘향가

우리가 온전한 밤 지새운 적 있었던가
향촛불 오늘에야 쌍으로 불 밝히고
참하다 개다리소반 연엽주에 남새 두엇

그대여 부르소서 춘향가가 좋으리다
거문고 아니 있어 도리어 다정하다
잔 들어 마시지 않고 눈과 귀로 취하여라

칼 차지 않았는데 앉은 채 마주보고
귀촉도를 듣는다 물어 본다 불여귀야
칠성이 기울었느냐 이제 불을 끄오리까

절연가切煙歌

무단한 헤어짐이 세상에 어딨단가
사랑도 늙어지면 제 주인마저 잡으려 들고
얼마나 속 썩였으면 이리도 아파올까

홍안에 그대 만나 쓴맛 단맛 다 본 사이
이제 와서 새삼 본전 따져 무엇할꼬
미운 정 고운 정이라 어화 고이 보내오리

허망한 인생살이 어제오늘 일이던가
그렇다손 하더라도 차마 발길 무겁구나
뒤돌아 보지 마소서 나 먼저 무너지오

윤돌섬 별곡

윤돌섬의 부도가浮島歌

어디가 바다이고 어디가 육지메뇨
누군들 헤매이며 떠돌고 싶었으랴
뭍으로 향한 사랑 천년을 가다듬어
이제야 찾았노니 북병산 아래로다

물안개 피워 올려 용왕님께 절 올리고
발뒤꿈 사려접어 앞으로 나설 때에
새벽 물 긷는 처자 발걸음 곱다마는
아서라 고하지 마라 내 온 줄 이르지 마라

어쩔꺼나 천년의 꿈 코앞에 남겨놓고
처자의 놀란 소리 용왕님 기침하여
내 발목 당기시니 모든 게 허사로다
차라리 사랑이라 오히려 사랑이라

윤도령의 입도가入島歌

세상에 버림받아 아버지 고이 묻고
육지라 떠다녀도 맘 하나 못 정하고
외로운 갈매기야 네가 어디 일러다오

차라리 이목 피해 평생을 구하리라

학 한 쌍 깃을 들인 예쁜 섬 바라보며
병풍에 둘러싸인 보배로운 형국이라
어머니 잘 모시고 평생을 도모하리
뗏목도 좋을시고 시절은 봄날이라

어머니의 야도해가夜渡海歌

참으리 참으리라 야차 같은 두려움도
뒤돌아보지 않으리 나 오히려 무섭소
하루해 종일토록 세며 맞은 초이레
오로지 님을 향해 그림자로 나아가리

조수야 밀어다오 치마 말미 끌어다오
밤 뻐꾹 우는구나 너도 맘이 그러하냐
봄 바다 차가워도 마음만은 뜨겁고나
님이여 오시오소서 나에게로 오소서

윤도령의 축교가築橋歌

어영차 돌이로다 디영차 바위로다
신령님전 천 번 빌어 이 몸을 낳았다니
어깨가 무너지고 척추가 부서져도
부모님 공덕에 반이라도 미치오리

진즉에 살짝 언질 눈짓으로 주셨다면
추운 날 밤 헤치고 물 건너지 않았으리
이보게 굳게 서서 울 엄니 받쳐주소
그대의 굳센 공양 내 평생 지키리라

어머니 어머니요 디딜만 하오니까
어쩌다 상그럽다손 너무 탓만 마오소서
달빛을 등불 삼고 반딧불 앞세우고
휘영청 다녀오소 내 걱정 마오시고

유실석교流失石橋

빌고도 빌었건만 용왕님 계신 곳에
무참한 태풍이여 허망한 돌다리여
날아간 움막이야 또 지으면 될 터이나

나가신 어머니 영영 기별 없는구나

아 아 이리하여 죽는구나 사람이
아버지 일찍 잃고 어머니 손을 잡고
세상사 싫다 하여 박복했던 이 몸이
울 엄니 잘 모시고 평생 수발 노렸는데

신명이여 무심쿠나 용왕님도 너무하요
그러나 어머니야 어찌 탓을 하오리까
뜨거운 그 열병을 어느 누가 삭혀주리
오소서 어머니요 되짚어 오시소서

윤도령의 재축석교再築石橋

나 지금 울고 있나 너 지금 거기 있나
나 하나 쌓을 테니 당신 하나 집어오소
어머니 치맛자락 달그림자 눈에 어려
동백꽃 꺾어지듯 처박고 울고 싶다

세월이 약이려니 살아온 지난 세월
춘삼월 새싹 돋듯 피어나는 열사랑

당신은 이 몸에게 어머니요 누님이라
다시금 힘을 주어 돌다리를 쌓으리다

어영차 차차 들고 에헤라 디여 놓고
또 한 번 어기여차 차차 굴려 제자리
위로 박고 밑을 괴고 에헤라 디여
용왕님 태풍일랑 이제는 비껴주소

윤도령의 절명가絶命歌

일월성신 노하셨나 온천지에 호열자라
아무리 병이라도 가릴 건 가려야지
애닯은 내 사랑을 이리 쉽게 빼앗으니
하늘도 무심코야 시샘이 저러할까

아이고 나 죽네 어머니요 내가 죽소
꽃 같은 윤돌섬에 후박나무 그늘 밑에
아버지전 제사도 올해로 그만이고
저승에서 뵈오면 뭐라고 여짜오리

돌다리도 부질없고 내 사랑도 허사로세
한번 가는 인생사 슬퍼달 것 없다마는
그래도 그립구나 내 사랑아 내 엄니요
파도에 띄워낸다 동백꽃 하나 두울

*윤돌섬 : 망치만, 구조라해수욕장 앞에 있는 작은 무인도. ①섬이 둥둥 떠서 만 안으로 들어오다가 처자의 놀란 소리에 그대로 지금의 위치에 앉았다는 전설과 ②윤도령 또는 윤돌(총각)이 어머니 또는 아버지를 위해 돌다리를 놓았다는 전설이 있다.

경남시인선 138

갯민숭달팽이

김용호 시집

펴낸날 | 2011년 4월 22일

지은이 | 김 용 호
펴낸이 | 오 하 룡
펴낸곳 | 도서출판 경남

주 소 | 631-430 창원시 마산합포구 서성동 66-18
연락처 | (055)245-8818~8819/223-4343(f)
홈페이지 | www.gnbook.com
블로그 | gnbook.tistory.com
이메일 | gnbook@empal.com
등 록 | 제2호(1985. 5. 6.)
편집팀 | 오태민 | 심경애 | 구도희

ISBN 978-89-7675-685-5-03810

*잘못된 책은 바꿔 드립니다.
*저자와 협의 인지 생략합니다.

〔값 8,000원〕